写给孩子的自我管理小妙招

做好时间规划

斯塔熊文化 著

U0319619

化学工业出版社

·北京·

图书在版编目（CIP）数据

写给孩子的自我管理小妙招：做好时间规划 / 斯塔
熊文化著 . —北京：化学工业出版社，2023.10
ISBN 978-7-122-43905-5

Ⅰ . ①写… Ⅱ . ①斯… Ⅲ . ①时间 - 管理 - 儿童读物
Ⅳ . ①C935-49

中国国家版本馆 CIP 数据核字（2023）第 138652 号

责任编辑：龙　婧　　　　　　装帧设计：史利平
责任校对：李　爽

出版发行：化学工业出版社
　　　　　（北京市东城区青年湖南街 13 号　邮政编码 100011）
印　　装：北京新华印刷有限公司
880mm×1230mm　1/32　印张 4½
2024 年 3 月北京第 1 版第 1 次印刷

购书咨询：010-64518888　　　售后服务：010-64518899
网　　址：http://www.cip.com.cn
凡购买本书，如有缺损质量问题，本社销售中心负责调换。

定　　价：39.80 元

写给小读者的话

亲爱的小·读者，很开心与你见面。我们来看一组漫画吧！看看这一幕幕是不是经常在你的学习和生活中上演呢？

完全没有时间观念，做事没有计划，拖拖拉拉……

房间里总是一团糟……

零花钱总是不够花……

不懂得学习方法，总是事倍功半……

我猜，你此刻正发出这样的疑问："我该如何改变这种状态呢？"

现在，机会来啦！摆在你面前的这套书，可以帮你——

1 轻松学会时间管理，做时间的小·主人；

2 克制欲望，懂得珍惜，学会正确用钱，树立正确的金钱观；

3 学会充满技巧和乐趣的学习方法，能够享受学习，并且学有所得；

4 破解整理收纳难题，并把这种思维运用到学习和生活的其他方面。

说到这里，你是不是心动啦？

让我们来做一个约定吧——从读完这本书的那一瞬间开始改变自己！你会惊喜地发现：只要行动起来，就能迈出改变人生的第一步。

相信不久后的你，一定能够管理好自己的生活，掌控自己的人生！

目录

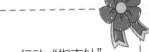

1

你好，时间

一寸光阴一寸金，
寸金难买寸光阴。
过去的时间是永远不会再回来的。

妈妈生气的真相

听！有两位同学在抱怨：

"唉，我的妈妈就像一座火山，随时都有可能爆发……"

"我也有'同款'妈妈！明明我没有做错事呀，她根本不需要那么生气嘛！"

哦？他们真的没有做错事吗？

早点睡觉！

电视看太久了！

先把作业做完！

还没准备好吗？

这一幕，在你家是不是也经常上演？现在，让我们一起来看看，妈妈生气的真相到底是什么呢？

仔细观察一下，你发现了什么？原来，妈妈生气的原因，是我们的时间管理出了问题啊！

在这个世界上，我们找不到任何一样东西能比时间更宝贵和公平。这么说吧，如果你有一样物品消失不见了，还能用其他的物品来代替。比如毛巾不见了，你还能用浴巾来代替。可是，如果时间流逝了，就真的再也回不来了，也找不到任何代替品！

时间最公平

时间是世界上最公平的"裁判"，我们每个人每天拥有的时间都是 24 小时。可是，为什么有的人不仅能在这 24 小时之内，按照计划完成自己的事情，还能有休闲娱乐的时间，而有的人却生活、学习一团糟呢？

- 早上起床，妈妈不催个四五遍，根本起不来；
- 刷牙洗脸，都要花上半小时；
- 晚上 7 点半开始写作业，到了 11 点还没写完；
- 计划早上 8 点出发，但是拖拉了半个小时，仍然没有准备好；
- ……

时间管理的魔力

其实，时间管理是有"魔力"的。看起来是一样的时间，如果管理得很好，就能让 24 小时变成 48 小时，发挥出 48 小时的作用，可以从容不迫地完成看起来不可能完成的任务。

如果管理不好，任由时间白白溜走，原本的 24 小时最后能够利用的，可能只有几个小时了！

只要我们掌握了时间管理"魔法"，做起事情来就会更有效率，还能平衡学习与生活，成为一个做事有条不紊的人。

"蜗牛爬"与"火箭升空"

心态与时间

你有没有过这种感觉：如果爸爸妈妈决定暑假带你去海边度假，你是不是觉得度假前的这段日子，过得像蜗牛爬行一样慢？而当你在海边尽情玩耍的时候，你是不是又觉得时间过得像火箭升空一样快？

快乐的时光总是很短暂！

这种感觉太不可思议啦！

时间难道会变化吗？当然不是，我们感知到的时间快慢，只不过是由我们的心态决定的。

行为与时间

在固定的时间内，你能完成多少任务呢？例如，周末在家，你可以试试在 10 分钟内，能收拾多少玩具。或者试试利用早上的 10 分钟，能不能完成刷牙、洗脸等任务。

10 分钟真是眨眼就过完了。

如果你连续尝试几天，就会发现，同样的时间，有的时候完成的任务多，而有的时候完成的任务少，这是为什么呢？是哪里出了问题？

其实，动作快慢直接影响着任务的完成量。这样看来，如果想要提高效率，进一步掌控时间，你知道应该怎么做了吗？

做一个有时间观念的人

时间对于每个人来说，流逝的速度都是一样的。但是有时间观念的人，往往能更有效地利用时间，把事情做好。

比如在学习上，有时间观念的人，可以在规定的时间内完成学习任务；而没有时间观念的人，做起事来总是拖拉，结果写同样多的作业，却要花更多的时间，经常是到了夜里，还在被爸爸妈妈催促着。

要想掌握自己的人生，就一定要做一个有时间观念的人。

8

感受时间小助手——电子计时器

电子计时器是我们感受时间的小助手，我们要选择有数字显示的，并且具有正计时、倒计时两种功能的计时器。

父母需要注意的是，使用计时器并不是为了催促孩子，使用时，不要引起孩子的反感，而是要让孩子逐渐接纳这个小助手，真正帮助孩子感受时间，了解时间。

谁能掐准一分钟?

需要物品

一支笔

一张白纸

一个计时器

游戏过程

在计时器上按下开始键后,闭上眼睛,估计有一分钟时,按下停止键。

睁开眼睛,用笔把计时器上显示的实际时间记录在白纸上。

重复这个游戏多次,看自己能否掐准一分钟。

游戏意义

培养时间观念,知道时间正在一秒一秒地流逝,树立合理利用时间的意识。

是谁偷走了我的时间？

"快点儿起床！"

"快点儿吃饭！"

"快点儿写作业！"

在日常生活中，你有没有被爸爸妈妈这样催促过？
尽管被一再催促，我们做事也可能还是慢吞吞的，或者
是不到最后一秒根本不动弹。

其实，这就是因为我们的年纪还小，缺乏时间概念，更没有珍惜时间的意识。所以，在不知不觉中，我们的许多时间就被"时间小偷"给偷走了。

　　"时间小偷"？

　　没错，我们身边有很多"时间小偷"。它们偷走了我们的时间，让我们总是陷入被爸爸妈妈催促的狼狈境地。

　　那么，现在就让我们把"时间小偷"揪出来，然后狠狠地打败它们吧！

1号"时间小偷"：拖延症

"等会儿再做吧！"

"明天再说吧！"

……

这样的话你是不是经常说？这种"明日复明日"的拖延，不仅会打乱全盘计划，还会对我们的自信心产生极大的动摇。

其实有的时候，我们也许不是故意想拖延，只是因为对时间没有概念，不能准确感知时间，所以做起事来慢慢吞吞，才导致了拖延。

快1个小时了，还没完成！

精准制敌高招：设置完成一件事情的最后期限，避免它被一直拖延下去。

2号"时间小偷"：娱乐

看电视、玩电子设备、和朋友玩耍……你是不是一旦开始，就很难主动停下来？当我们沉浸在娱乐中时，总是对时间的流逝浑然不觉。

精准制敌高招：控制娱乐的时间，例如提前准备好一个小闹钟，定时 15 分钟，将每次娱乐的时间控制在 15 分钟。如果爸爸妈妈经常将空闲时间花在电子娱乐上，却要求你自我控制，那你可以跟他们谈谈，请他们以身作则，约束好自己。

3号"时间小偷"：不必要的干扰

你发现了吗？如果房间总是乱糟糟的，书籍和玩具散落四处，书桌上堆满了各种与学习无关的物品，室内外噪声过大……这些都会使我们的注意力无法集中，最终导致时间白白溜走。

精准制敌高招：我们的注意力常常会受到外界的影响，从而分散注意力。因此，要减少无关的刺激和干扰，创造一个安静、整洁、舒适、有序的环境。

4号"时间小偷"：爸爸妈妈

没有想到吧？爸爸妈妈也会变成"时间小偷"呢！

比如早上，我们本来应该迅速完成穿衣服、刷牙、洗脸、吃早餐等一系列上学前的准备活动。可是，有的爸爸妈妈因为心疼、不忍心，认为我们正在长身体或者昨晚休息比较晚，可以多睡一会儿。于是，他们就会晚一会儿再叫我们起床。就这样，他们因为爱我们，也变成了"时间小偷"。

孩子学习这么累，让他再多睡两分钟吧！

精准制敌高招：时间管理习惯的养成，不仅需要我们坚持不懈地努力，也需要爸爸妈妈"忍心"，有坚定的原则。所以，应该定好每件事情的起止时间，并坚决执行。

坚持下去吧

在与"时间小偷"过招的过程中，也许在开始的第一天、第一个星期，甚至是第一个月，都看不出明显的效果。但是，只要坚持下去，你一定会发现很多地方发生了改变：上学不再迟到，学习更加游刃有余，一年多读了几十本书……这种感觉是不是很棒？那就请你继续坚持下去吧！

当心！别走进时间管理误区

有一句名言是这样说的：不幸的是，时间飞船疾驰而过，好在你是这艘飞船的舵手。时间管理始于你的大脑，必须改变思维方式才能有所收获。因为时间管理不仅是一门知识、一门技术，其实更是一种能力。

我们在学习时间管理时，可能会存在一些误区，如果不加以重视，可能会南辕北辙，使我们走向错误的方向。

误区一：时间管理，就是在最短的时间内，完成更多的事情

对于很多刚开始学习做时间管理的同学来说，这个误区普遍存在。

其实，时间管理得好不好，并不是在最短的时间内做了多少事情，而是所做事情是否和目标计划相一致。比如：同样花了 2 个小时，上午画了一幅画，下午背诵了 10 个英文单词，做了 3 页数学试题，你能说下午的学习效率更高吗？当然不能。

完成目标才叫有效率。

误区二：时间管理，就要让自己时刻像机器人一样，按照规定好的"程序"行事

我们按照原定的计划行事没错，但是不要太过死板。为什么这么说呢？因为在做事的过程中，我们或许会发现，原本的计划存在着一些不足，这个时候就要及时对我们的计划进行调整。

比如，我们计划上午做完数学作业，但是没想到这次的数学作业特别难，上午根本做不完，那就只好把下午的时间也分一部分来做数学作业。

这次的数学作业好难啊！

$$50-13-12=$$
$$4+3+10=$$

　　另外要注意的是，我们是人，不是机器，不可能像机器一样不知疲倦地运转。当我们感到劳累的时候，就需要休息，否则不仅会影响做事的效率，还会损伤我们的身体。

　　就像跑步一样，原本计划要跑四圈，但跑到三圈的时候，已经非常累了，这时候就没有必要强迫自己继续跑下去，否则一不小心摔倒了，岂不是得不偿失？

现在几点了？

认识时钟

你家里一定有时钟吧？只要看一眼时钟，我们就能知道当前的时间了。是不是很神奇？

时钟上有三根针，分别是秒针、分针和时针。性子最急、走得最快的是秒针，剩下两根中，较长的是分针，较短的是时针。

你认识这三根针了吗？

钟面上有 12 个大格，60 个小格，每个大格里都有 5 个小格。

秒针走过 1 个小格，所花的时间就是 1 秒钟；秒针转了一圈，分针才走过 1 个小格，所花的时间就是 1 分钟；分针转了一圈，时针才走过 1 个大格，所花的时间就是 1 小时。

为了便于人们看时间，时钟上还写着 1 ～ 12 的数字，分别对应的就是 1 点～ 12 点。如果你看到时针指在 6 和 7 之间，分针指在 4，那时间就是 6 点 20 分。

想想看，7 点 20 分，时针会指在哪里？

有可能混淆凌晨和傍晚

时钟显示的时间只能是 1 点～ 12 点，所以夜里 1 点和下午 1 点时，时钟的显示是一模一样的。

当然，我们肯定不会混淆夜里和下午。不过，如果哪一天你睡了个午觉，由于身体比较疲惫，到了下午 6 点钟才醒过来。这时，你睡眼蒙眬地看着时钟显示的 6 点，会不会以为是早上 6 点呢？

不要以为这是个笑话，因为真的有人搞错了时间，在傍晚时背着书包去上学了！别问我是怎么知道的，因为那个人，就是我。

认识电子时钟

为了避免搞错时间，我们有必要再认识一下电子时钟。

电子时钟非常简单，前面一个数字表示小时，后面一个数字表示分钟，中间用两个点隔开。一眼看过去，我们就知道是几点几分了，是不是非常方便？而且电子时钟大多是 24 小时制，也就是过了中午 12 点后，不是 1 点，而是 13 点，这样我们就不会混淆凌晨和傍晚啦！

猜猜现在几点钟

如果我问你：现在几点钟了？我猜你的第一反应一定会直接看钟表。现在，让我们改变一下，用猜测的办法感知时间。当然，这可不是瞎猜，而是基于你对时间的理解，通过逻辑推理去猜测的。

我们要怎么做呢？很简单，早晨出门时，看一下时间，到了校门口，猜测一下到达的时间。

我们可以根据路上的情况来猜测时间，例如一路上有没有遇到红灯，路况是不是顺畅……当然，你也可以在放学的路上玩这个游戏。这样一来，你对时间的感知力就会慢慢增强。

做一个钟表吧

需要物品

一把剪刀

一个一次性
纸盘

一支记号笔

游戏过程

先用剪刀剪出时针、分针和秒针。

再把一次性纸盘的圆周平均分为 12 个区域，用记号笔画出 12 个刻度并标上数字。

请爸爸妈妈帮忙，用图钉或别的工具，把时针、分针和秒针固定在一次性纸盘的中心。

游戏意义

亲手制作钟表，然后用手指拨动指针，指示不同的时间，增强对时间的感知。

2

把时间分一分

不要以为时间多的是，
否则你会经常手忙脚乱。

认真过好每一天

不要辜负自己

你有没有思考过，自己每天要做多少事情呢？

从早到晚，所有的人都在忙碌着，就像勤劳的小蜜蜂一样。不同的是，有的人取得了一番成就，没有辜负自己的辛苦；同时，也有很多人劳而无获，怨天尤人。其实，我们每个人的成就都取决于自己，想要有一个美好的未来，就不要辜负自己。

生活是有节奏的

对于我们每个人来说，想要认真过好每一天，首先就要找到生活的节奏，将每一天都安排得井井有条。

什么是生活的节奏？

我们每天做的事都不太一样，但是总有一定规律。比如，早上起床后，先洗漱、吃早餐，然后是学习。接着是吃午餐，然后又是学习。吃完晚餐，休息一段时间，就到了睡觉时间。

所以，只有把控好生活的节奏，你才能在恰当的时间做恰当的事。

制作一个 "日程表"

现在，就以要上学的星期一为例，思考一下你这一天要做的所有事情吧！把它们写在一张纸上，就像下面这样：起床、洗漱；吃早饭；上学路上；早读；学校上课；放学路上……

在刚才你写下的这一天中要做的所有事情的前面，写上它们的开始时间和结束时间，就可以制作出一个"日程表"了。这是不是很简单？

看看你的日程表，计算一下做每件事情的时间，你就会发现其中可能有一些不合理的地方。这时，你可以对日程表进行修改，让它变得合理，并按照新的日程表去执行，这样一来，你就真正掌握了自己的生活节奏。

6:00—6:30	起床，洗漱
6:30—7:00	吃早饭
7:00—7:30	上学路上
7:30—8:00	早读
8:00—16:00	学校上课
16:00—16:30	放学路上
16:30—18:30	做作业
18:30—19:00	吃晚饭
19:00—20:00	休息
20:00—20:30	洗漱
20:30	睡觉

绘制一日时间图

我们还可以根据日程表绘制一日时间图。

第一步，我们来画一个圆，在圆上用阿拉伯数字标上时间。

第二步，根据日程表的内容，把圆分成若干个扇形，涂上不同的颜色，表示完成不同任务的时间段。

第三步，把日程表上的任务，填在相应的时间段上，可以用文字填写，也可以用图画表示。

绘制完成后，看一看你的一日时间图，你有什么感受？是不是对时间有了更直观的视觉感受呢？

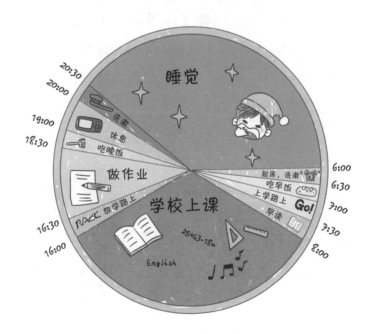

上午 + 早餐 = 头脑清楚

早餐很重要

清晨，妈妈已经准备好了早餐。可是迷迷糊糊的你却没有丝毫食欲。你是不是经常会这样？

其实，上午是专注力最佳的时间段。如果吃早餐时细细咀嚼，头脑就会更加清醒，更能集中精神哦！

不仅如此，还能减少发呆，平复烦躁的内心呢！尤其是在有考试的日子里，早餐就更要好好吃。

吃好早餐，精神满满！

缺乏专注力的表现

现在，回忆一下你平时的表现，看看你是不是有这些问题：

上课 10 分钟后，就开始走神、说话、做小动作；

不知道老师课上讲的是什么，不知道老师留的作业是什么；

虽然看似安静地在做功课，实际上却在"神游四方"，心不在焉；

写作业时写错字、漏字、抄错符号、抄错得数，考试时看错题、丢题；

回到家学习不专心，一会儿看看电视，一会儿喝口水，一会儿上厕所……

我刚走开一分钟你就走神！

没错，刚才说的这些，全都是缺乏专注力的表现。

专注力是我们学习和生活的基本能力。专注力不够，做任何事情的效率都会非常低下。即使忙忙碌碌，最终也一无所获。

所以，我们有必要了解一下，什么时间专注力会高一些，什么时间专注力要低一些。这样，我们对精力集中的时间进行有效利用，就会达到事半功倍的效果。

专注力高低时间段

专注力

上午
（9点至12点）

午饭后
（13点至14点）

下课后
（15点至19点）

睡前
（20点左右至深夜）

上午9点到中午12点：这段时间我们的精力非常旺盛，专注力相当高。

下午1点到下午2点：这段时间，我们刚吃过午饭，有点犯困，专注力开始下降。

下午3点到晚上7点：这段时间，我们的精力又恢复了很多，专注力有明显提升。

晚上8点到深夜：这段时间，我们开始犯困，专注力明显下降。

考考你的专注力

需要物品

几十个各种
颜色的气球

一根长线

一个打气筒

游戏过程

用打气筒给气球打上气。

把气球系在长线上。

继续重复这个过程，但要求气球按照一定的规律
排列，比如"红—蓝—白—红—蓝—白"。直到用完
所有符合要求的气球。

游戏意义

培养专注力和动手能力。

"必须做的" 与 "想要做的"

"今日事，今日毕"。这句谚语你听说过吗？我猜你的回答一定是肯定的。

现在，如果接着问你：你做到了吗？

你的答案是不是有些犹豫不决了？

想要做到"今日事，今日毕"，最简单的办法就是学会列清单。

什么是清单？

听到"清单"这两个字，你是不是想说，我知道"清单"，一个表格，上面是满满的一排排文字。

真的是这样吗？

没错，这是大多数人对清单的基本印象。

其实，清单是一个非常实用的工具，它是人类应对现代复杂事务的大脑"外挂"，甚至比大脑更加可靠。

为什么要把任务做成清单？

我们每个人的记忆力都是有限的，而且很容易受到干扰。比如，明明计划好了放学时去买一支毛笔，可放学了却又给忘了。

所以，如果我们把必须要完成的事情提前做成清单，并且给事情安排一个合理的时间期限，才会更加明确自己究竟要完成哪些任务，进而确保能够如期完成。

需要注意的是，为任务定时要合理，而不是节奏紧凑得密不透风。因为如果时间定得太紧张，在第一次执行之后，就会让人产生想要放弃的念头。

怎样制作清单？

现在，就让我们启动"清单"这个有效的工具吧！

制作清单前，父母和孩子要达成共识，只有孩子足够认同清单内容，才会有足够强的行动力。

现在让我们开始吧！首先，拿出一张白纸，列出所有需要完成的具体任务。接着，给这些任务排序。最后，就是要对每项任务的标准逐一细化，看看是否需要定时、定量。

现在，就请你动手制作一个简单的睡前清单吧！

我们把清单列出来后，我们的执行任务就要正式开始啦！

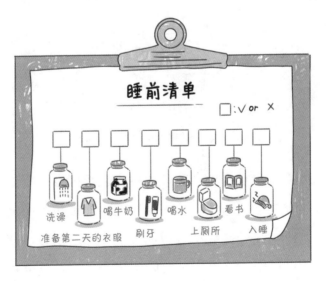

执行清单要注意

清单是父母和孩子关于具体任务的契约，既然是契约，就要遵守原则，承诺的就一定要做到。想要保证孩子持续执行到位，就要严格按照清单所列执行，父母不能随意增加内容。

例如，父母和孩子约定好，在 8 点前写完作业，孩子就可以玩耍 20 分钟。可是在实际执行过程中，孩子在 8 点前写完作业后，父母又私自增加了阅读的课外作业，这种情况是不可以的。

如果父母这样做，第二天孩子也可能会违反约定，写作业时故意拖拖拉拉，因为他觉得即使按照时间规定完成作业，父母也会私自增加其他作业。所以，在执行清单的过程中，父母一定要做到符合程序并且公正。

先做什么，再做什么

被美国《时代》周刊列为"25 位最有影响力的美国人之一"的斯蒂芬·柯唯曾说过一句名言："我们大多数人把太多时间花在紧急事务上，而没有花足够时间在重要事务上。"

我们先对"重要性—紧迫性"矩阵了解一下吧。下图就是这个矩阵的模型。

在这个矩阵中：

1区域是重要而紧迫的事情，比如明天就要考试了，今天必须要复习。

2区域是重要但不太紧迫的事情，比如在暑假期间要完成的暑假作业。

3区域是不重要但紧迫的事情，比如到小区门口去取一个快递。

4区域是既不重要也不紧迫的事情，比如帮助爸爸妈妈做家务活。

先做重要而紧迫的事

要想做事情变得有效率，你必须从 1 区域的事情开始做。因为如果先耗费精力去做不太重要的事情，等开始做重要的事情时，你可能就精力不足了。

比如，如果你先花了一两个小时帮助爸爸妈妈做家务活，再去复习明天要考试的内容，很显然效果是不会好的。

剩下的时间不够好好复习了！

45

培养判断力

那么，如何把我们要做的事情，合理地摆放到1～4区域呢？这有一个前提，那就是我们必须对要做的事情，有准确的判断力。

不过，某件事情是否紧迫、重要，爸爸妈妈和我们的意见有时并不统一。比如，看课外书，你可能认为是重要但不紧迫的事，而爸爸妈妈可能认为是既不重要也不紧迫的事。这时，你需要做的就是和爸爸妈妈进行沟通，听听他们的理由是什么。

一家人要充分沟通！

事有轻重缓急

需要物品

一支笔　　　一张白纸　　　一把剪刀

游戏过程

用剪刀把白纸剪成一张张小纸条。

用笔在小纸条上写下自己经常做的一些事，比如做作业、踢球、下棋、看电视、看课外书、听故事等。

把这些小纸条混到一起，随机抽出几张，把这几件事按完成计划排序。

游戏意义

培养对所做事情的重要性和紧迫性的判断力，明确应该先做什么，后做什么。

"吞青蛙"法

先不要被这个标题吓到哟！这里的"吞青蛙"可不是真正让你去"吞青蛙"，而是一个形象的比喻。

时间管理领域"吞青蛙"法来自时间管理大师博恩·崔西。

这里的"青蛙"指的就是那些最棘手、最麻烦，但是却又非常重要的事情。这些事情通常难以完成，容易让人产生畏难情绪而导致任务被拖延。比如，英语老师布置的作业：用英语写一篇短文。

青蛙太多的后果

如果你身边的"青蛙"多了，而你却放任它们不管，先去完成其他事情，或者扔到脑后直接去娱乐，那会导致什么后果呢？

很显然，这些烦人的"青蛙"会在你的身边呱呱叫个不停。

不仅如此，它们还会越聚越多。啊！这可真是糟糕的体验！

我讨厌青蛙的叫声！

找到"青蛙"

我们要怎样做，才能把这些"青蛙"吞掉，让它们从我们的世界消失呢？

在"吞青蛙"之前，我们首先要找到自己的"青蛙"。

它们在哪里呢？它们就藏在每天、每周、每月里。

找到每天、每周、每月必须攻克的问题，找出其中最重要的3件事，它们就是我们要"吞掉"的"青蛙"。

怎么来判断事情是不是最重要的呢？简单来说，就是这件事情如果不完成，就会导致严重的后果。如果你无法确定，可以尝试和爸爸妈妈一起讨论，这样你慢慢就能学会判断事情的重要程度和紧急等级了。

有好几只"青蛙"怎么办？

如果你发现，青蛙的数量非常多，应该先"吞"哪一只呢？先"吞"那只最大的！

前面，我们已经找出了最重要的 3 件事，但是，这并不意味着它们同等重要。这时，我们可以先"吞掉"最大的青蛙。也就是说，我们要从最困难的事情入手。如果最困难的事情能够顺利解决，那么，解决后面的麻烦时，就会信心倍增。

比如，星期六的 3 只青蛙：

1. 写作业。

2. 和朋友踢足球。

3. 去图书馆。

学习固然很重要，但是没有娱乐，人生体验就不会完整。

怎样选择"吞青蛙"的时机？

　　"吞青蛙"一定要选择自己效率最高的时间段。

　　比如，上午有很多零零碎碎的小事情需要处理，如果选择在这个时间段"吞青蛙"，很可能达不到好的效果，结果既浪费了时间，还影响了心情。

事情太多就不能专心"吞青蛙"。

　　如果下午或者晚上有一段空余的时间，不受任何打扰，又能够做到注意力集中，那么此时就是"吞青蛙"的最好时机。

如果"青蛙"太大怎么办？

如果碰到了特别棘手的事情，一下子不能把它解决掉，不要焦虑，我们可以把这只"青蛙"切分一下，把这件棘手的事情，分成一件件小事情，每次只需要罗列当天可以完成的那一部分就可以了。

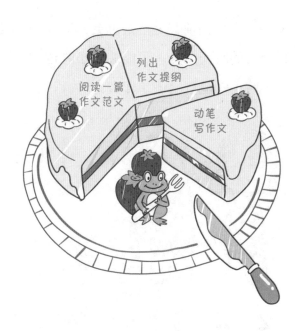

到这里，你应该已经学会了如何"吞青蛙"，学会了如何从被动变为主动，分辨事情的轻重缓急，从而告别生活和学习的无序与慵懒。

给时间拧上发条

你的妈妈在出门前，是不是总会为穿衣打扮发愁？如果没有最后的时间节点，可能 2 个小时过去了，她依然站在镜子前不知道自己该穿什么。

没有衣服可穿！

但如果你说 10 分钟后楼下见，她就能很快决定穿哪件衣服。

这就是截止时间的作用。

你自己有过这样的体验吗？

你在做一件事情时，随着截止时间的到来，内心的焦虑和压力是不是会陡然增加？

这时，你的专注力和执行力都会被激发出来，自动忽略掉一些无关紧要的细节，下意识地寻求尽快解决问题的办法。

比如，考试时监考老师提醒还有最后 10 分钟的时候，你写字的速度是不是变得飞快？

时间期限可以提高效率

事实证明，给要做的事情定一个时间期限，可以大大提高效率。相反，如果没有明确的时间要求，人们总是会把时间和精力放在细枝末节上，并因此而变得拖延，效率低下。

比如，创意手工作业，如果要求在 3 天内完成，很多人会在第三天才开始做。前两天，他们都在构思和酝酿，总想找到更好的方案，以至于陷入纠结，不知道选择哪个方案好。

如果把期限缩短一些，改为一天或者两天，反而能迅速做出决定，果断行动起来，从而高效完成。

时间期限并不是越短越好

不过，在你采用这个方法前，一定要注意：设定时间期限时，并不是时间越短效果越好。

做事前，我们一定要先了解完成这件事大概要花多少时间，这样才能帮助我们定下更精确的时限。

比如，周六下午要收拾自己的卧室，平常不慌不忙的时候，大概要花 1.5 个小时，今天你就可以给自己设定为 1 小时。

假如不考虑实际情况，给自己设定为半个小时，那显然是完不成任务的。即使完成了，效果肯定也不会达到预期。

时间期限要根据情况调整

在设定期限时，针对不同的事情，我们需要做出相应的调整。

对于重复性的、难度小的，或者自己比较熟练的事，可以把时限提前一些，例如写生字、背诵单词等。

对于一些需要创意的事情，时间就不宜太紧，例如画一幅创意画、做一张手抄报等。

58

到……时间为止

"到……时间为止"的"止"就是时间的节点，用明确的时间单位来进行设置，比如10分钟、半个小时、2个小时等。这样会让我们更容易联想到时间，更重要的是，我们会意识到要做的事情，只能做那么长时间，而不是无限期拖延。

比如，妈妈出门前说："半小时后我会回来，到时候我要看到你写完的作业。"

言外之意是，你现在可以玩，但是你玩的时间越长，用来写作业的时间就越短。这时候，我们肯定会抓紧时间去写作业了。

要花费多少时间？

做事情需要时间

　　很显然，不管我们做什么事情，都需要花费时间。哪怕是再简单的事情，比如洗脸、刷牙，或者是扫地、拖地，都会花费一定的时间。

　　我们经常听爸爸妈妈抱怨："一上午什么也没干，就过去了。"其实，他们并不是什么事都没有做，只是做的都是一些零零碎碎的事情而已。

　　所以，我们在制订计划时，一定要考虑到那些占用时间的小事。

安排合理的时间

做不同的事情，我们需要的时间是不同的。所以，在制订计划时，要为自己安排一个合理的时间。

比如，我们计划每天阅读一篇不超过 200 个单词的英语小短文，就算加上查生词的时间，预计 15 分钟也足够了。所以，如果你为自己留出了半个小时，那就说明你的效率太低了。

平常，我们应该有意识地训练自己。比如，一页口算练习，计划几分钟完成，就把计时器摆在自己面前，不停地督促自己，提高速度。

熟练度影响做事情的时间

有的事情，我们以前没有做过，现在突然接触到，做起来就很费劲，花的时间自然就要多一些。但是随着时间的推移，我们越来越熟练了，花的时间就会慢慢变少了。所以，要想提高做事的效率，我们可以多加练习，总结经验，提升熟练度。

比如，做一张手抄报。没有经验时，我们往往要花半天时间才能做好一张。但是做得多了，越来越熟练，可能只需要 1 个小时就能做好一张。这时候，我们在安排手抄报的任务时，就有必要压缩时间了。

不要过于追求完美

同样一件事，不同的人来做，花费的时间是不一样的。有时候，我们做事情比别人慢，可能是因为我们太追求完美。

比如，在给一幅画涂色时，有人只需要 2 分钟就完成了，可有人却要花 10 分钟。这是为什么呢？原来，花 2 分钟涂色的人，涂的颜色不太均匀，个别地方还超出了线条。而花 10 分钟的人呢，涂的颜色非常均匀，也没有超出线条。

我们做事时，讲究精益求精，但是在一些要求效率的事情上，就要学会取舍。否则不仅会花费过多的时间，有时也不一定能达到自己的目标。

专属"撒欢日"

会休息的人才会做事

时间慢慢流逝的每一天，如果我们总是紧绷着神经，不停地做事，就会变得疲惫不堪。

要记住，会休息的人才会做事！

没有休息好，我们的精神状态就会不佳，做起事来可能会出错。这是不是很容易理解？如果精神好的时候做作业，可能会全对。但如果在深夜里挑灯夜战，哈欠连天，恐怕会做错很多题吧！

我的意识好像有点模糊了！

我们需要适当放松

在经历了一段时期的紧张忙碌后，我们可以适当让自己放松一下，拿一天时间出来，把学习、工作都抛到九霄云外去。只是玩，痛快地玩，去游乐场、去公园、去郊游……

今天就痛快地玩一玩吧！

这样的一天，我们可以称为专属"撒欢日"。

只有这样全身心地放松，才能让我们紧绷的神经得到缓解。然后，再精神百倍地投入新的学习中，达到事半功倍的效果。

张弛有度

不过，要提醒你的是，前面所说的休息也好，"撒欢"也罢，前提都是经历了一段时期的紧张忙碌。这就是张弛有度。

只有张，没有弛，人就会疲劳；而如果只有弛，没有张，人就会懈怠。

你可以试试，在某个下午，每完成一部分作业后，就休息 5 分钟。这样，你学习的每一个时间段都会注意力非常集中。看看这样张弛有度地完成作业，效果会不会更好。

父母眼中没有意义的事

有时候，我们在休息时，喜欢做一些自己喜欢做的事情。比如，有的人喜欢玩魔方，有的人喜欢玩电子游戏。不过，在爸爸妈妈眼中，这些可能是没有意义的事。

如果你也经常在玩耍的时候被爸爸妈妈打断，要求你做一些有意义的事情，那你可以和他们谈一谈，说明你需要玩耍和休息的必要性，而且向他们证明，你玩耍的方式在他们看来没有意义，但是对于你自己而言，其实意义非凡。

3

我的目标

目标是我们人生的指向标，
可以帮助我们走向成功之路。

行动“指南针”

有目标才有动力

当你登山时，总会指着前面某一处说："我加把劲儿，爬到那里歇一会儿。"

设定了这个目标之后，你就会变得跃跃欲试，勇往直前，直冲向目标。这就是目标的动力。

如果在日常生活和学习中，我们也为自己设定一个目标，就会让自己进步得更快。

目标让我们知道该干什么

目标是有效时间管理的起点，它就像指南针，指向你应该集中时间去做的事情。如果认清目标，你将会知道对于每一天、每一周和每个月来说，完成什么才是最重要的。在指导时间管理方面，目标有助于你确定所有必须完成的事情的优先程度。

在学习的过程中，每一次写作业、考试、比赛……之前，都可以按照自己的实际水平，制订一个可行的目标。这样不但能提高学习效率，为学习加油助力，还能在学习的过程中体验到成功的快乐！

制订目标要注意

"眼大肚子小"是制订目标时最容易出现的问题。很多人制订目标时，总是雄心勃勃，力求面面俱到，十全十美，可是在实施的过程中却无法执行，一旦没有完成目标，就会心情沮丧，抱怨自己行动力太差，并因此否定自己。

所以，制订目标要符合自己的条件和实际情况。目标不能定太低，但也不要太高。

制订目标还要有一定的弹性。任何一成不变的学习目标和计划都是不科学的，随着年龄增长，学习和生活情况都会发生相应的变化，所以目标也要适时进行调整。

一定要坚持下去

制订目标后，我们就要去努力实现它，让自己离目标越来越近。

当然，生活总是千变万化的，总会在某些方面影响到我们，从而打乱我们的计划，这其实就是理想的计划和实际生活之间的矛盾。也正是在这个长期磨合的过程中，我们的意志会变得越来越强，坚持下去，直到目标达成的那一天。

我的一周

做规划的必要性

　　古语云："凡事预则立，不预则废。"行动之前仅仅有个目标还不够，在把理想变成现实的道路上，还应该做好规划，规划不仅仅是一种前景目标或一张蓝图，它更是你行动的路线图。现在，我们就从简单的一周开始吧！

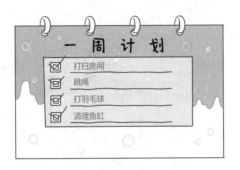

　　在日常生活和学习中，要克服懒惰、拖延等毛病，行之有效的办法就是制订周计划。

计划得当

制订周计划一定要得当，不能盲目将任务制订得过多，否则就无法完成，导致计划破产。比如，我们的房间每周至少需要打扫一次，如果周计划将其制订为五次，显然就是过多了，既没有必要，又浪费了精力，让自己过于疲劳。

另外，每项任务都要有明确的完成时间。比如，打扫房间只需要半小时，就不能让它在计划表上占据整个上午，白白浪费时间。

9：00-9：30 拖地

半小时完成，没有压力。

必做事情列表

要想做好周计划，必须先把一周内必须要做的事列出来。

首先是学习方面，可以结合课程表，看看从周一到周五，分别有哪些课程，再决定每天下午和晚上需要复习和预习哪些科目。

然后，想想自己还有哪些事情要做。比如，打扫房间、清理鱼缸、打羽毛球、看电视、玩魔方、跳绳、练字……所有自己想做的事，都在纸上列出来，甚至是想玩一会儿游戏的心愿，也可以列出来哟！

制订周计划表

接下来，就制作出自己的周计划表吧！

周一到周五，就像课程表一样，在每天的每个时间段，写出计划要做的事情，一份周计划表就完成了。

要注意的是制订周计划表并不难，难的是严格按照自己的计划去执行。

当你完成第一个周计划表后，多多少少会发现自己的计划存在一些缺陷，比如某件事的计划时间太长、某件事制订次数过多等，就可以在下一个周计划表上进行修改，从而让自己的周计划表更完美。

时间	周计划表				
	星期一	星期二	星期三	星期四	星期五
6:00			起床，洗漱		
6:30			吃早饭		
7:00			上学路上		
7:30			早读		
8:00			学校上课		
16:00			放学路上		
16:30	做作业	踢球	做作业	做作业	清理鱼缸
18:30			吃晚饭		
19:00	打羽毛球	做作业	练字	玩魔方	做作业
20:00			洗漱		
20:30			睡觉		

周末计划

周末怎么过?

你想怎样过周末?

"睡觉!""玩!"我猜这一定是很多人的答案。

事实上,周末我们要做的事情有很多,比如游泳、洗衣服、打扫房间、踢球、超市采购等。想象一下,如果不做好计划,当你兴高采烈地准备去踢球时,妈妈却拉着你一起去超市采购,你会不会很沮丧呢?

我的计划就这样被打乱了!

周末需要计划

如果我们提前做好周末计划，一切都会变得井井有条了。

首先，制订好完成作业的计划。

每个周五，老师都会布置比平常多一些的作业。如果周末只顾着玩耍，把作业都抛到脑后，显然是不现实的。所以，我们需要清点一下各科所有的作业，预估每项作业需要完成的时间，然后列表。

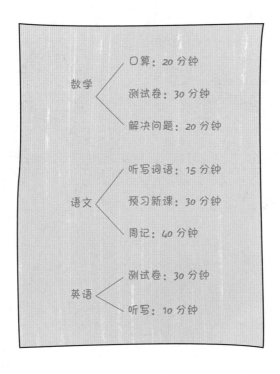

询问父母的周末计划

制订周末计划表之前，我们还需要询问父母的计划，以免发生冲突。比如，当你吃完早餐，准备做一张英语测试卷时，妈妈告诉你："跟我去一趟外婆家吧！外婆生病了，我们去看望她！"

又或者是，当你抱着足球，准备去球场踢球时，妈妈突然对你说："咱们去泡温泉吧，我的温泉票快要到期了。"

所以，我们应该提前询问父母的计划，并把这些要做的事情加入周末计划表中。

制订一个周末计划表

有了自己的作业列表，有了父母的周末计划，再加上自己的其他计划，一份周末计划表就出炉了。

	周末计划表	
	星期六	星期日
6:30	起床，洗漱	
7:00	吃早饭	
7:30	看课外书	听故事
8:00		看电视
9:00	去外婆家	做作业
10:00	自由时间	
11:00	做作业	听故事
12:00	吃午饭	
13:00	做作业	看课外书
14:00	自由时间	
16:00	踢球	泡温泉
18:00	看课外书	听故事
19:00	读英语绘本	做作业
20:00	洗漱	
20:30	睡觉	

暑假计划

放暑假啦!

当班主任老师宣布"明天开始放暑假"时,同学们全都欢呼雀跃起来。

万岁!

"我要去学游泳!"

"我要去学下棋!"

"我要去旅游!"

······

这时,班主任又提醒道:"不要忘了,暑假作业也要完成哦!"你的心情是不是顿时就不好了?不要恐惧,再多的暑假作业,只要制订出科学的暑假计划表,都不是问题。

设立暑假目标

暑假的时间很长，足够我们完成一件很耗时间也很有挑战性的事情。

比如，你的目标是在这个暑假学会游泳，那就需要去游泳馆上课。

游泳课时

前面我们已经说过，如果想在一个领域有所成就，就要学会专注。那么，这个暑假你就不要再给自己安排别的学习内容了，否则就会影响游泳的学习效果。

暑假作业不是一天能完成的

"周记 4 篇。"

"读书笔记 10 篇。"

"英语阅读 15 篇。"

"数学口算 45 页。"

……

看着这些作业清单，你是不是感觉头晕目眩？

不要恐惧，暑假作业不是一天能完成的。好好看看日历，算一下自己的暑假有多少天，然后再算一算每项作业的完成计划。

比如，暑假总共有 45 天，那么周记就可以大约 10 天写一篇，读书笔记大约 4 天写一篇，英语阅读大约 3 天完成一篇，数学口算每天完成一页。这样算下来，每天的任务是不是很轻松呢？

完成暑假计划表

找出一张日历，把上面的作业计划全部写入对应的日期，然后再加入游泳课的安排，一份暑假计划表就出炉了。这是不是很简单？看看下面的表格，这是暑假计划表的一部分，对你有什么启发吗？

如果你发现有的日期安排的作业太多，就可以灵活调整一下，将这一天的作业分一些到作业少的日期，这样就可以避免某一天过于劳累了。

7 月

星期日	星期一	星期二	星期三	星期四	星期五	星期六
						1
2	3	4	5	6	7	8
9	10	11	12	13	14	15
16 **暑假开始** ○算 1 页	17 读书笔记 1 篇 ○算 1 页	18 英语阅读 1 篇 ○算 1 页	19 ○算 1 页	20 游泳课 ○算 1 页	21 英语阅读 1 篇 ○算 1 页	22 读书笔记 1 篇 ○算 1 页
23 周记 1 篇 ○算 1 页	24 英语阅读 1 篇 ○算 1 页	25 读书笔记 1 篇 ○算 1 页	26 游泳课	27 英语阅读 1 篇	28 ○算 1 页	29 读书笔记 1 篇 ○算 1 页
30 英语阅读 1 篇 ○算 1 页	31 周记 1 篇 ○算 1 页					

自我反思执行情况

你会不会疲惫?

短期计划因为时间短，很快就能看到执行计划的成果，我们也很容易获得坚持下去的动力。而对于长期计划，比如暑假计划，很多人在坚持一段时间后，就会感到疲惫，从而导致后续乏力。如果不能坚持执行计划，就不利于培养顽强坚韧的性格。

那么，怎样才能坚持执行计划呢？

适当留出休息日

当你制订好暑假计划，严格按照计划表执行了一段时间后，就会慢慢感到疲惫，做作业时也可能是一边做一边玩，效率非常低，好像对学习提不起兴趣。

你有没有想过问题出在哪里呢？为什么自己的状态不佳呢？

你的计划是每天都要完成一点作业，虽然能让每天的作业量很均匀，但也有一个问题，那就是容易让人疲惫。如果你每个星期给自己留一个休息日，不用做任何作业，会不会更好呢？

堆积的作业

时间慢慢过去，你的精神可能会渐渐松懈下来。有时候，学习中遇到了挫折，或者和小伙伴玩耍时受了伤，导致不能按时完成当天的学习任务。这时，你也许会想：今天的作业没完成，也可以挪到明天做。

没想到的是，由于某些原因，第二天你又会留下新的作业，继续往后堆积。

就这样，时间一长，堆积起来的作业越来越多，让你不由得抓耳挠腮，不知所措。

不知不觉，怎么堆了这么多作业？

自我反思

到了这个时候，你就需要自我反思了：是我的计划出了问题？还是我本人出了问题？

如果是计划的问题，就要找到问题所在，及时解决。比如，是不是每天做作业的时间安排得不好？安排在上午是不是比下午更好？晚上是不是也可以适当安排一点作业？是不是给自己安排的休息时间不够？周末要不要安排一个"无作业日"，只玩耍不做任何作业？……

如果是自己的精神懈怠了，那就要努力调整状态，想一想自己的长远目标，想一想父母给自己许下的奖励承诺……这时，不妨和父母聊一聊，听听他们的建议，一定会让你有所收获的。

做作业应该尽量安排在上午。

送你一朵小红花

来自父母的奖励

当我们制订好计划，并按照计划执行时，就会慢慢取得进步，从而收获喜悦。

不要怀疑，你的父母看到这一切时，一定是看在眼里喜在心里的。他们会想办法给你各种奖励。

有时候，父母的奖励只是口头上的。比如，当你帮妈妈收拾碗筷时，她会微笑着说："谢谢！"当你为爸爸端来一盆洗脚水时，他会点着头说："嗯，你越来越懂事了！"

有时候，父母的奖励虽然只是一个鼓励的眼神，或者一个温暖的拥抱，但这也足够让你感受到他们的爱。

劳逸结合很重要

不管做任何事，都要劳逸结合，学习和玩耍都是生活中不可缺少的部分。

多进行室外活动，多与大自然亲近，也可以培养我们的专注力，从中学习如何克服困难。所以，适当的时候，我们可以到户外进行放松的娱乐活动。

比如，在树林里捉虫子，玩捉迷藏游戏，骑自行车……都是非常放松身心的。

请求得到奖励

　　如果这一段时间你对自己的计划执行得非常好，还可以请求父母给予一定的实物奖励，比如买一套儿童科普读物，买一件渴望已久的玩具，或者是吃一顿丰盛的大餐。

精神奖励是一剂"营养液"，可以长久地输送养分，激发孩子的内在驱动力。

物质奖励是一剂"兴奋剂"，容易激发孩子的热情，启动孩子的行动力。

　　不过，虽然父母愿意给你奖励，但他们未必会完全听从你的意见。比如，你想买的书，父母有可能认为知识太深，你看不懂；而你要买的玩具，他们又认为太幼稚，不适合你这个年龄玩。这时候，你就要理智地看待问题。如果你觉得父母说得对，就请求换一种奖励方式；如果你觉得他们说得不对，就把自己的道理说出来，看看能不能说服他们。

主动和父母沟通

对于有的家庭来说，父母的要求总是过高，孩子取得了小小的进步后，他们虽然看到了，却总是觉得还不到奖励的时候。对于他们来说，孩子就像在参加长跑比赛，在没有到达终点前，都没有必要进行奖励。这样的结果就是，孩子跑了一段后，因得不到任何鼓励，无法坚持下去了。

如果你的父母也总是对你的进步视而不见，那你就主动告诉他们，你正在严格按照计划去做，并且有了很大的进步，现在需要得到他们的认可和鼓励。不要以为父母会生气，相反，他们会突然发现，原来你已经长大了。

4

向目标前进吧！

找到适合自己的方法，
会让你更容易地走向成功。

重视情绪

情绪会阻挡我们

不管我们的目标是什么，在向着目标前进的过程中，我们总是不可避免地遇到各种各样的事，从而影响我们的情绪。

有时候，我们会开心；有时候，我们会难过；有时候，我们会愤怒；有时候，我们会忧虑。人的情绪就像浮在水面上的气球，如果你想将它强压下去，是不可能的。所以，我们要学会面对自己的负面情绪。否则，它就会成为我们前进路上的"拦路虎"。

如何面对负面情绪?

面对负面情绪时,我们应该正视它,而不是逃避。要知道,负面情绪一旦产生,就不会凭空消失,如果一味地逃避和压制,反而会带来更坏的后果。

这种情况不仅会发生在我们的身上,很多时候,爸爸妈妈也会很容易受到孩子情绪的感染而烦躁,甚至发怒。

因此,在情绪不好的时候沟通,可以先倒数 5 秒,让自己的心情平复一下,使自己能思路清晰地进行沟通,而不是让情绪占据上风。

自省法

我们还可以用自省法来排遣负面情绪。

曾子曾经说："吾日三省吾身：为人谋而不忠乎？与朋友交而不信乎？传不习乎？"意思是他每天都会多次反省自己：替别人做事有没有尽心？和朋友交往讲不讲诚信？老师传授的知识有没有温习？

很多时候，我们遇到事情时，可以先在自己身上找到原因。比如，作业完成得不好，被老师批评了，心情十分低落。

这时，我们可以好好自我反省：想想自己最近的表现，是不是有些浮躁了？完成作业的时候，是不是没有专心？从自己身上找到原因，你的负面情绪自然也就被排遣了。

和家人、朋友沟通交流

受到负面情绪影响时，我们还可以和家人、朋友进行沟通交流。

有时候，我们自己想不明白的道理，通过沟通交流，请家人、朋友帮助我们分析，就豁然开朗了。

有时候，负面情绪来自误会，只要及时和家人、朋友沟通交流，消除了误会，负面情绪自然也就消失了。

负面情绪并不可怕，只要我们以正确的态度来面对它、化解它，就可以有效维护自己的身心健康。

99

消除你的负面情绪

需要物品

一支笔　　　　一张白纸　　　一个玻璃罐

游戏过程

想一想，自己现在有哪些负面情绪？

再想一想，是什么原因造成了这些负面情绪？

用笔把这些事情都写在纸上，然后将它放进玻璃罐里。

过几天后，再从玻璃罐中取出纸来看。对于还困扰你的事情，就可以向爸爸妈妈倾诉了。

游戏意义

玻璃罐就是一个倾诉对象，向它倾诉后，你的负面情绪就得到了缓解。

"大树"思维

画一棵大树

你会画画吗？有没有画过大树？

每一棵大树，都有很多树枝，大树枝上长着小树枝，小树枝上还有更小的树枝，而更小的树枝上还长着树叶。你想一想，我们的人生目标，或者你的某个长远目标，像不像一棵大树？你现在为之努力奋斗做的每一件事，就像是这棵树上的一片片树叶。

每当我们做好一件事，实现一个小目标，就像是画出了一片树叶、一根树枝。当无数的小目标实现后，我们就画出了一棵大树。

想一想自己的目标

用"大树"思维来指导我们的计划，是非常实用的。我们可以把自己的任何一个目标都当成一棵大树，将它层层分解开来，这样就能明白自己应该先干什么，后干什么。

现在，你知道自己应该干什么了吗？

没错，想一想自己有什么长远一点的目标。比如说，在数学期末考试中得 100 分？

也许你会觉得这个目标有点难，不过，让我们将它分解一下，变成一个个小目标，就容易多了。

实现大目标的小目标

想一想，要在数学期末考试中得 100 分，有什么必要条件呢？没错，必须牢固地掌握这个学期的所有学习内容。

所以，这棵大树的第一级树枝，就应该是数学课本里所有的章，第二级树枝就是每章里的各个小节。如果还有第三级树枝，那就是每个小节中的知识点。那树叶是什么呢？树叶就是你现在应该要做的事——掌握这些知识点对应的例题、练习题。

当你完成了这一个个的小目标，数学期末考试中得 100 分，又有什么难的呢？

"大树思维"的核心技巧

在实际操作的过程中，想要将"大树思维"掌握好，还需要不断练习。只有多加练习，才会熟能生巧，最终得心应手。

要提醒你的是，"大树思维"的核心技巧就是不断地向自己发问："达成该目标的条件是什么？这些条件是否能保证这个目标一定达成？"

只要你认真思考这两个问题，就可以描绘出一棵系统周密、可操作性极强的目标大树，从而达成目标的可能性也会大大增加。

番茄时间管理法

开始写作业啦！哎呀，好想喝水，好想吃东西，还想去一趟厕所，结果导致写作业时磨蹭又拖拉。

想想看，这一幕是不是经常在你身上上演呢？

写作业时，怎样才能提高专注力呢！现在，向你介绍一位好帮手——番茄时间管理法。它是训练专注力最简单、最有效的方法。

我是一个番茄钟！

什么是番茄时间管理法?

番茄时间管理法是时间管理领域非常有名的方法。它把工作时间划分为多个"番茄时间",每个"番茄时间"包括 25 分钟的工作时间和 5 分钟的休息时间。

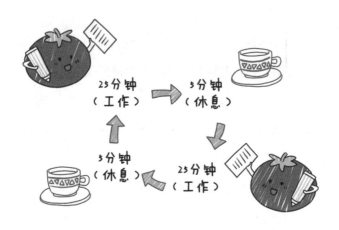

使用番茄时间管理法,会让我们在做事情时高度集中注意力,提高效率,而时不时的休息又会让我们放松身心,减轻压力。

不要轻视这 5 分钟的休息,短暂的休息有助于精力的恢复,而且可以回顾刚才自己所做的事情,从中总结出一些经验,还能提高工作效率。

你会不会抗拒?

对于很多小朋友来说，最开始使用番茄时间管理法时是很抵触的，因为不愿意用番茄钟约束自己。

其实，你可以先尝试一下把这种方法应用到学习上，虽然它对你有所限制，但也合理安排了你的休息时间，不是吗?

一开始，可能会有种种问题，比如在写作业时，发现自己需要去上厕所，或者去喝水，这些都会打乱自己的计划。不过，只要你总结经验，去改进，把学习以外的事情都放到休息时间做，你的事情就会安排得井井有条。

番茄钟太吵了

有的小朋友听着番茄钟发出的滴答声，脑海里总是不能平静。

其实，这是刚开始接触番茄时间管理法的正常反应，不要小题大做。要知道，我们生活的世界并不是静音的，有点噪声是很正常的。比如，你做作业的时候，有可能邻居会弹钢琴，楼下的小狗会不停地叫，路过的汽车会鸣笛……

你要尝试去接受噪声，慢慢习惯。不过，如果你始终觉得番茄钟的滴答声困扰自己，那就索性把它放得远一点。

五分钟时间太短了，不够休息

当你专心学习时，25分钟很快就过去了。同样，当你美滋滋地休息时，5分钟也过得很快。

"5分钟时间太短了，不够休息！"

很多小朋友向爸爸妈妈提出了抗议。

5分钟时间太短了，我要求延长一些。

这5分钟可不是用来玩的！

你知道吗？这样的想法是不正确的。因为这5分钟不是用来玩耍的，而是用来适当放松精神、解决必要的生理问题的。例如喝水、上厕所等。如果休息的时间太长，重新进入学习状态就需要很长的时间，结果会适得其反。

适当调整时间

当我们用番茄时间管理法写作业时，有可能遇到困扰。比如，有一道难题，眼看就要做出来了，25分钟学习时间已经到了。又比如，今天状态不佳，感觉坐25分钟特别疲惫，效率很低。当我们遇到这些困扰时，可不可以和爸爸妈妈商量一下，适当调整时间？

当然可以，我们运用番茄时间管理法就是为了更好地学习。但是25分钟的学习时间和5分钟的休息时间并不是一成不变的。适当地调整时间，才更有利于你掌握它。

四轮做题法

两页练习题　　　一支笔　　　一个计时器

游戏过程

用计时器定下 40 分钟，一口气做完一页练习题，看看自己错了几道。

用计时器定 10 分钟，做另一页练习题。10 分钟后，再定 5 分钟，开始休息。休息后，重复刚才的步骤。

经过四次 10 分钟，做完另一页练习题，看自己错了几道题。

游戏意义

通过做题，会发现长时间做某事会精神疲惫，而分时段做，效果会更好。

做一只专注的刺猬

刺猬与狐狸

先来讲一个古希腊寓言故事吧！它的名字叫《刺猬与狐狸》。

狐狸是一个阴险狡猾、行动迅速的坏家伙，它绞尽脑汁想出了无数策略，一次又一次地偷袭刺猬，但都没有成功。原因很简单，刺猬每次遭遇危险时，就会立刻蜷缩成一个圆球，把浑身的尖刺指向外面。狐狸每次扑向刺猬时，都会被尖刺阻挡，不得不作罢，撤回森林。

做一只专注的刺猬

论聪明，刺猬远远比不上狐狸，但是狐狸却没有办法突破刺猬的防御，这就像西方一句谚语所说："制鞋匠，干好你自己的活儿就行了。"刺猬始终专注于如何防御，把防御做到最好，就可以抵御狐狸的各种进攻。

想想看，如果你也做一只专注的刺猬，是不是也能获得成功？

专注才能成功

我们不得不承认，任何一个人的时间和精力都是有限的。想要在某个领域取得成就，就一定要专注于这个领域，精耕细作。

比如，东晋时期的王羲之，他最大的爱好就是写字。他每天不停地练字，送走黄昏，迎来黎明，不知写完多少墨水，写烂多少毛笔，终于成为一代大书法家。清朝时，曹雪芹数十年笔耕不辍，最终写出了古代四大名著之一的《红楼梦》。还有著名的女物理学家、化学家居里夫人，她一生都致力于研究镭，最终两次获得诺贝尔奖……

专注于核心竞争力

现在，社会各行各业的分工越来越精细，对专业度的要求也越来越高，想要获得成功，我们就一定要专注于自己的核心竞争力，不要轻易分散精力。

在我们的身边，辛苦奔波却一事无成的人比比皆是。有的人看到别人跳舞获奖了，也跟着去学习，还没学会基本功，又听说学弹钢琴进阶快，又改学钢琴。刚上了几次钢琴课，又觉得还是学习美术好……结果频繁地更换自己的学习课程，每一次都是从零开始，几年下来，没有把任何一样学到手。

不管做什么事，我们都要确定好自己的方向，然后像刺猬一样，专注于此，力求学透做精，才能获得成功。

从培养一个新习惯开始

想要提升自己，就要不断发现自己的缺点，并努力改进。自我的蜕变，正是从培养好习惯开始的。

要想培养一个新习惯，就要不断与旧习惯做斗争，需要克服很多难以想象的困难，这需要强大的心理斗争和行动支持才能完成。

先锁定并明确目标

或许你想改变或者培养的习惯有很多，那就先找到一个最想实现的目标，然后思考一下，你想要的结果是什么。

比如，"每天早起""经常锻炼"，这样的目标就不够明确。

几点钟起床算早起呢？锻炼的频率要多高呢？

所以，如果把目标换成"每天 6 点起床""每天坚持锻炼 1 小时"，这样效果就会更好。

坚持一个月

想要培养出一个新的习惯，至少要坚持 30 天，才会让这个习惯根植于你的大脑，让它成为你自发自动的行为。

但是，在最初的 30 天之中，这种习惯很容易被打断。比如，失去兴趣了，忘记执行了，等等。

在习惯没有养成以前，一切皆有可能。但是你要记住，计划失败了，就要从头开始。

所以，不管有多么困难，一定要想办法激励自己，让自己熬过最初的 30 天。

每周回顾

习惯的培养经常会经历反复和失败，所以，每过完一周，我们都要回顾一下自己在这一周里的进展和遇到的问题，看看自己的收获。

如果我们在这一周中做得很好，就给自己一点小奖励。如果做得不好，就要查找原因，激励自己继续坚持，将精力集中于目标上。

毕竟，习惯的培养不是一朝一夕可以完成的，需要长时间的坚持和练习，这个过程既需要意志力，也离不开专注力。

在培养习惯的过程中，会出现各种反复和失败。遇到孩子进步时，父母要及时给予鼓励和表扬等正面反馈。

遇到孩子犯错误时，父母要态度温和并诚恳地指出问题所在，提出合适的改进方案，帮助孩子坚定信心，不骄不躁，最终养成好习惯。

打败"拖延怪兽"

现在，你应该已经明白了时间的重要性，也可能尝试过运用多种时间管理方法和工具，不过，效果可能并不理想。大部分时候，你还是会被"拖延怪兽"打败。

其实，你自己也知道自身的问题，但就是无法控制，很多事总要拖到最后一刻才会去做。

如果你想找到解决办法，不妨试试 5 分钟法则。

什么是5分钟法则？

5分钟法则就是，对于一件自己不想做的事情，或者是觉得很困难的事情，就对自己说："只做5分钟就行，不管结果是什么。"

比如整理房间，当你看到乱糟糟的屋子时，感觉压力非常大。但是，如果只是用5分钟时间去叠几件衣服，你是不是就觉得简单多了？那么，接下来你也许就会继续整理下去了。

先从叠衣服开始吧！

5分钟法则为什么有效?

首先，5分钟并不长，对于"拖延症患者"来说，5分钟不会让人感觉到压力，稍稍坚持即可。

其次，不管是谁，保持5分钟的专注是很容易做到的。尤其是习惯性拖延的人，他们往往会受到外在干扰，而5分钟的专注，则有利于排除干扰，专心做事。

最后，5分钟的时间比较灵活。5分钟到了，你是接着做事还是休息，都取决于自己。要是觉得状态很好，就可以接着做；要是烦了，就可以休息一下。

> 5分钟时间到了，感觉不错，再来5分钟。

所以，5分钟法则很适合用来对付抵触情绪。还在等什么？一起行动起来，向"拖延怪兽"宣战吧！

挑战 5 分钟

需要物品

一个计时器　　　一本练字帖　　　一支笔

游戏过程

　　打开计时器，翻开练字帖，先练字 5 分钟。记住，一定要认认真真、一笔一画地照着字帖写。

　　第二天，重复上面的步骤。

　　每天坚持这样练字 5 分钟，一个星期后，看看自己写的字有没有进步。

游戏意义

　　每天坚持练字 5 分钟，一个星期后就能看到明显的效果，有利于树立自信心。

从"再快5分钟"开始

你是不是很磨蹭？

每天早上，你是不是会被爸爸妈妈催促好几遍：

"快点去刷牙！"

"快点穿校服！"

"快点戴红领巾！"

......

快点！快点！

最后，他们一定会唠叨着："哎呀！又晚了5分钟。你就不能再快5分钟吗？"

珍惜他人的时间

不就是 5 分钟吗？有什么大不了的！反正还没有到上课时间，晚一点就晚一点呗！

你是不是嘀咕过这样的话？但是你有没有想过，你磨蹭掉的 5 分钟，不仅是你自己的 5 分钟，还有爸爸妈妈的 5 分钟。如果他们送你到学校后，再慌慌张张地去上班，是不是有发生危险的可能呢？

时间对于每个人来说都是宝贵的。如果我们在这里磨蹭 5 分钟，在那里又磨蹭 5 分钟，这一天要浪费多少时间啊？所以，我们不仅应该珍惜自己的时间，还应该珍惜他人的时间。

培养做事的兴趣

你知道自己为什么会在很多事情上磨蹭吗？原因就是你对这件事不感兴趣。

试想一下，如果你在玩游戏，会磨蹭吗？如果你在打球，会磨蹭吗？

要想改变磨蹭的习惯，首先就要培养做事的兴趣。比如刷牙，有人就说："我对刷牙一点兴趣都没有，只是完成一件必须要做的事而已。"

不，虽然刷牙只是一件再平常不过的事，但它也有乐趣。张开嘴，在镜子里观察自己的牙齿，是不是刷干净了？那些不好刷的位置，能不能找到新的技巧？当你开口跟别人说话的时候，露出一口洁白的牙齿，是不是非常自豪？这都是刷牙的乐趣啊！

比赛让你不磨蹭

还有一个让人不磨蹭的好办法，那就是比赛。

如果你有兄弟姐妹，就和他们一起比赛。如果没有，就和爸爸妈妈一起比赛，还可以和同学一起比赛。比赛的内容，就是你磨蹭的事情。

比如早上起床刷牙时，你可以和爸爸妈妈一起刷，看谁刷得又快又好；穿衣服时，看谁穿得整齐；收拾房间时，看谁先把自己的房间收拾整洁；做作业时，看谁完成得最快、准确率最高……

当然，为了增加趣味性，你还可以请求给一些比赛增加奖品。比如，谁先把鞋子刷干净，就奖励一块巧克力。这样一来，你是不是觉得干什么事都有兴趣了？

提前 5 分钟

需要物品

一块手表　　一张白纸　　一支笔

游戏过程

星期一早上，当自己准备妥当，准备出发去上学时，看一眼手表，用笔记下当时的时间。

星期二早上，努力提高自己做事的效率，争取比星期一提前 5 分钟。准备妥当后，记下当时的时间。

比较一下时间，看自己是否做到了提前 5 分钟。如果没有做到，在星期三的早上继续努力。

游戏意义

培养时间观念，知道自己做事的效率提高后，就能节省出时间。

严格控制使用电子产品的时间

无节制使用电子产品好吗?

每天放学回家后，做完了作业，你会看一会儿电视吗？或者是在平板电脑上玩一会儿游戏？还是用手机上网和朋友聊天？

很多人在使用电视、平板电脑和手机等电子产品时，都不能控制使用时间，一旦拿在手上，就放不下了。如果父母不过来制止，他们甚至可能会一直玩下去。

无节制地使用电子产品，既浪费了我们的时间，又损害了我们的视力，实在是不应该。

学习不可或缺的助手

有些父母严禁孩子使用电子产品。不管是电视，还是平板电脑、手机等，一律不许使用。但是，我们处在信息时代，电子产品是获取信息最快的方式，而且也是学习不可或缺的助手。

比如，平板电脑上的各种学习类 APP，可以让我们学到很多知识；电视上的许多纪录片，能让我们了解地球风貌；通过手机，还可以和同学交流做题心得。如果禁止使用电子产品，我们的学习和生活都会受到很大影响。

合理制定使用时间

电子产品并不是洪水猛兽，不要对它们感到恐惧。只要合理使用，它们就会给我们的学习和生活带来帮助。

那么，我们应该怎样使用电子产品呢？这需要我们与爸爸妈妈进行沟通，合理规划使用电子产品的时间。

比如，每天下午回到家，允许用手机15分钟；晚上吃完晚饭，允许看20分钟电视；星期六和星期日，允许用平板电脑玩半小时游戏……

总之，你要记住，是你在支配电子产品，而不是它们在支配你。

父母的榜样很重要

在合理使用电子产品方面，父母是孩子最好的榜样。

有的父母在日常生活中严重依赖手机，下班到家后，就坐在沙发上看手机；吃完饭，往床上一躺，继续看手机；哪怕是上厕所，也看手机。这对于孩子来说，天天耳濡目染，难免对手机产生好奇，继而沉迷于手机。

如果你的父母也是这样，就应该与他们好好谈一谈，请他们做个好榜样。这时，你可以安排一些家庭活动，比如一起去公园散步，一起下棋，一起跳绳等，这样就可以帮助他们减少对电子产品的依赖啦！

用好表现换游戏时间

需要物品

一张白纸　　　　一支笔　　　一台平板电脑

游戏过程

当爸爸妈妈为自己安排任务时，与他们约定，完成得又快又好，就奖励 1 分钟游戏时间。

完成任务后，符合要求，就让爸爸妈妈在白纸上记录下奖励的游戏时间。

当游戏时间积累到 10 分钟时，就可以兑换一次用平板电脑玩 10 分钟游戏的奖励。

游戏意义

提高做事的积极性，培养时间观念，有效控制使用平板电脑玩游戏的时间。

让时间过得有意义

时间一去不复返

光阴似箭，日月如梭，不管我们如何挽留，时间总是匆匆溜走。

时间走了，就不会再回来，就像一去不复返的流水。所以，在有限的生命中，我们一定要珍惜时间。

珍惜时间，并不是静静地坐着，感受时间的流逝，而是要充分利用时间，做一些有意义的事情。

把时间花在有意义的事情上

有的人说："我喜欢上网，这算不算有意义的事情呢？"

如果上网的目的是浏览国际、国内的新闻，了解世界动态，或者是学习音乐、美术、英语等有用的知识，那么这就是有意义的事情。但有的人却耗费大量时间，上网浏览一些毫无营养的娱乐新闻，或者是看一些小视频，甚至打游戏，这就是在浪费时间，在做没有意义的事情。

所以，你需要思考一下，哪些事情对你来说是有意义的。是学习，掌握老师讲过的知识？还是运动，锻炼出强健的体魄？又或者两者都是？

要有适当的业余爱好

有人说："学习是我必须完成的任务，而我最大的爱好却是弹钢琴。"

没错，不管我们有没有兴趣，学习都是我们的首要任务。但并不是所有人都喜欢埋头苦学，直到两眼酸疼也不知道休息。在完成学习任务后，我们应该有适当的业余爱好，比如弹钢琴、做模型、下棋、画画、写字……这些事情能让我们放松身心，提高自身的审美能力和动手能力，所以它们都是有意义的事情。

你有自己的业余爱好吗？如果还没有找到，那就多尝试一些，直到发现为止。当你把业余时间花在自己的爱好上，并不断提升自己时，就会发现这些时间过得是多么有意义啊！

睡前回顾

每晚洗漱完，躺在床上时，我们都不会立刻进入睡眠状态。这个时候，你闭着眼睛，会想些什么呢？

有的人会想白天发生的有趣的事，比如哪个同学上书法课时，把墨汁弄到脸上了；有的人会想明天将要发生的事，比如学校组织去看电影。其实，还可以回忆更有意义的事哟！

每晚临睡前，我们可以回顾一下今天的课堂上，老师讲过哪些内容，自己是否已经掌握？今天自己哪些事情做得好，哪些地方做得不好，应该怎么改进？长期坚持下去，你一定会发现，自己在慢慢进步呢！